D1926778

Abenteuer Ozean

MACH 10!

Rätseln, Üben, K~~raken~~nobeln

Dudenverlag
Berlin

Hallo Rätselfan,

Mach 10! ist der Rätselspaß aus dem Dudenverlag. Es warten spannende Knobeleien aus den Bereichen Deutsch, Mathe und Englisch auf dich. Jede Aufgabe besteht aus zehn Übungen. Hast du sie gelöst, darfst du die Seite im Inhaltsverzeichnis abhaken und zur Belohnung einen Sticker auf die Seite kleben.

Mach 10! und trainiere spielerisch deine Fähigkeiten im Rechnen und Schreiben sowie deinen Englischwortschatz.

An alle Meeresforscherinnen, Seefahrer und Piraten: An die Stifte, fertig, los!

Das habe ich schon gelöst:

Hake ab!

Kreuz und quer am Strand

Diese zehn Dinge kennst du bestimmt. Trage die gesuchten Wörter in das Kreuzworträtsel ein.

Auf Tauchstation

Hilf dem Taucher seinen Tiefenmesser zu lesen. Löse die Rechenaufgaben und schreibe die richtigen Zahlen in die Blasen.

1. 550 – 120 = (430)
2. 320 + 430 = (750)
3. 275 – (135) = 140
4. (420) + 570 = 990
5. 897 – 668 = (229)
6. (700) – 645 = 145
7. 342 + (657) = 999
8. 154 + 846 = (1000)
9. (254) + 569 = 823
10. 810 – (349) = 461

10 GEMACHT!

Umweltheld gesucht

Schau dir die Seite genau an. Welche zehn Dinge gehören nicht ins Meer? Kreise sie ein.

meine TOP 10!

Einen Piratenschatz suchen

Surf

Fülle die Liste aus!

10 Dinge, die ich am Strand gerne mache

Eine Sandburg bauen

1. Sandburg bauen
2. im Meer schwimmen
3. Eis essen
4. In der Sonne liegen
5. Schnorcheln
6. Kite surfen
7. Boot fahren
8. Drachen steigen lassen
9. auf der Luftmatratze liegen
10. Burger | Falafel essen

10 GEMACHT!

Was reimt sich?

Immer zwei Wörter klingen ähnlich. Weißt du, welche? Schreibe sie mit Artikel auf.

Insel	Flut	Welle	Koralle	Turm
Sand	Wal	Möwe	Glut	Schiff
Fisch	Riff	Tisch	Bälle	Strand
Qualle	Löwe	Pinsel	Sturm	Zahl

1. die Insel – ____________________
2. ____________________
3. ____________________
4. ____________________
5. ____________________
6. ____________________
7. ____________________
8. ____________________
9. ____________________
10. ____________________

10 GEMACHT!

How many?

Wie viele? Zähle die Fische, die sich auf der Seite tummeln. Schreibe die englischen Zahlwörter auf.

- tow
- six
- three
- nine
- ten
- fiefc
- eght
- four
- one
- seven

10 GEMACHT!

Voll versteckt!

Zehn Begriffe sind in diesen Rochen versteckt. Findest du sie?
Du kannst senkrecht, waagerecht und diagonal suchen.

6. ALGE

W A
J Ü L G
R V C Z O Z
K F A L G E U K
A B A Z L K S B
L G Q A Z D
L C K Ü
V I

7. UBOOT

H I
U E T L
R V B Z U T
W O O E Z R E T
T P N T U P Ü B
N U B O O T
W U H G
T B

8. WIND

M X
W I J K
R V V N W Z
W F B E Z I E N
B W A I N H S W
N I D A Z L
L N K Ä
N D

9. WAL

T Z
B A L G
S V B U O Z
K F A E A R E N
Ö B L L W L S B
N Ü D A M A
S B L Ü
O X

10. HAI

E J
S R H F
R V A I O I
L F B E Z R K N
M A I H L L S B
N L D A Z A
H B K I
A G

10 GEMACHT!

Quallen-Invasion

Auf dieser Seite wimmelt es von Quallen. Kannst du die zehn Quallenmauern lösen, ohne gestochen zu werden? Addiere die zwei nebeneinanderliegenden Quallen und du erhältst die Summe der Qualle darüber.

1.

2.

3.

4.

5.

6.
69
34
34
7.
897
238
55
8.
669
100
69
9.
653
232
43
10.
391
151
64
10 GEMACHT!

Finde die Brückenwörter

Setze die zehn Nomen so ein, dass immer zwei sinnvolle Wörter entstehen.

FELSEN KORB SEE BERG BANK WASSER WAL STUHL INSEL MONSTER

VULKAN	______	GRUPPE
TIEF	______	STERN
ZWERG	______	HAI
SAND	______	ÜBERFALL
LIEGE	______	BEIN
SALZ	______	SKI
STRAND	______	BALL
EIS	______	GIPFEL
KRÜMEL	______	WELLE
KREIDE	______	KÜSTE

10 GEMACHT!

Wer frisst wen?

Löse die Aufgaben und finde heraus, welcher Fisch welchen frisst.
Die Ergebniszahl einer Aufgabe ergibt die erste Zahl der nächsten.
Verbinde die Fische in der richtigen Reihenfolge. Beginne mit dem Hai.

$8 \cdot 12 =$ ____

$200 : 25 =$ ____

$140 : 7 =$ ____

$336 : 12 =$ ____

$84 \cdot 4 =$ ____

$24 \cdot 5 =$ ____

$96 : 4 =$ ____

$14 \cdot 6 =$ ____

$28 \cdot 5 =$ ____

$20 \cdot 10 =$ ____

Schau genau!

Findest du die zehn Unterschiede zwischen den Bildern?
Kreise sie im unteren Bild ein.

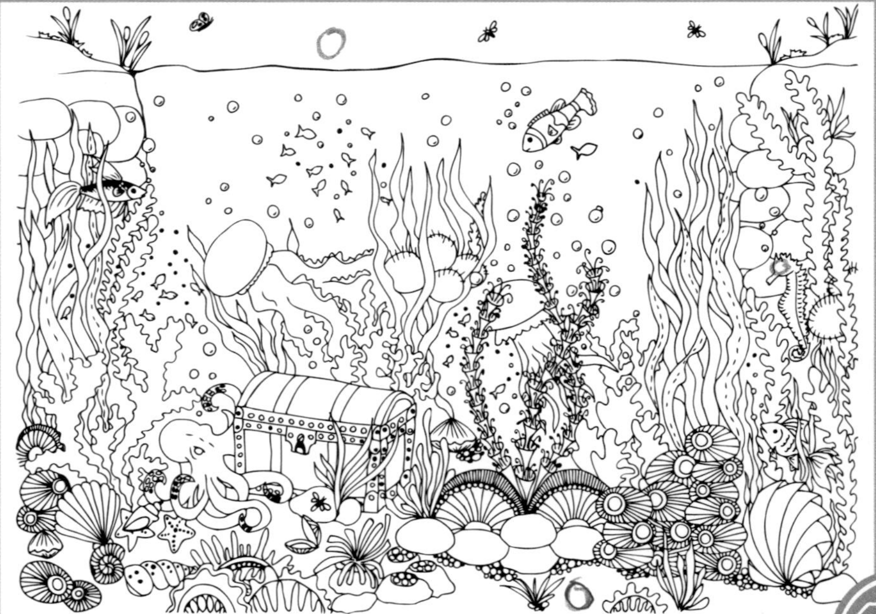

10 GEMACHT!

meine TOP 10!

Das Meer speichert Wärme.

Im Meer leben viele Tiere.

Fülle die Liste aus!

10 Gründe, das Meer zu schützen

1.
2.
3.
4.
5.
6.
7.
8.
9.
10.

10 GEMACHT!

Messerscharf kombiniert

Verbinde die Silben mit einer Linie zu zehn sinnvollen Wörtern und schreibe sie mit Artikel auf.

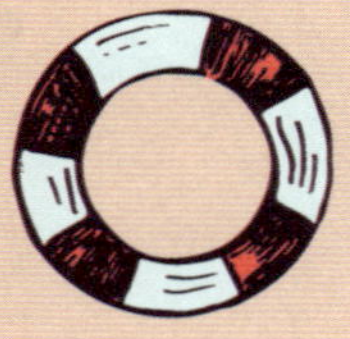
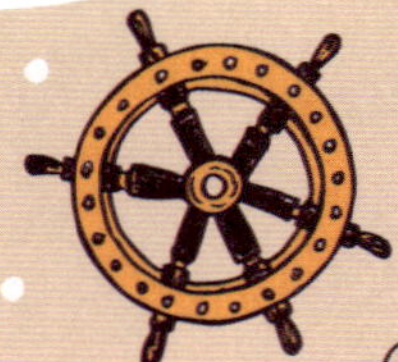

MEER	SCHEN	RAD
SE	FAHRT	FRAU
FLA	ER	CHEN
RET	JUNG	TE
KREUZ	PFERD	POST
SCHATZ	TEN	SCHIFF
STEU	GEL	FISCH
SEE	KAR	SE
MA	TUNGS	BOOT
TIN	TRO	RING

die Meer

10 GEMACHT!

Hidden words

Versteckte Wörter findest du ganz leicht. In jedem der zehn englischen Wörter ist ein anderes englisches Wort verborgen. Suche diese Wörter und kreise sie ein.

1. SAND
2. SWELL
3. ISLAND
4. SAILOR
5. BARNACLE
6. SURFACE
7. ATLANTIC
8. MERMAID
9. URCHIN
10. HURRICANE

land · maid · cane · well · ant

face · chin · and · sail · barn

10 GEMACHT!

Piraten – 1 x 1

Behältst du hier den Überblick? Zähle die Bildelemente auf der Seite und trage die Zahlen in die Felder ein. Dann rechne aus.

1. ☐ · 19 = ______
2. ☐ · 49 = ______
3. 16 · ☐ = ______
4. ☐ · 28 = ______
5. ☐ · 66 = ______
6. ☐ · 18 = ______
7. 11 · ☐ = ______
8. ☐ · 13 = ______
9. 17 · ☐ = ______
10. ☐ · 25 = ______

B wie Barrakuda

Barrakuda oder Bartrobbe? Welches Meerestier steht zuerst im Wörterbuch? Bringe die Namen in die richtige Reihenfolge.

Becherqualle

Blauringkrake

Bandfisch

Blauhai

Blindhai

Bandrobbe

Barrakuda

Belugawal

Blauwal

Bartrobbe

Tipp: Beginnen Wörter mit dem gleichen Anfangsbuchstaben, achte auf den zweiten und die nachfolgenden Buchstaben.

10 GEMACHT!

Richtig oder falsch? Meeresfakten im Check

Können Pinguine fliegen? Als echter Ozeanologe weißt du die Antwort mit Sicherheit. Check die Fakten und kreuze an, ob die Aussage stimmt oder nicht.

1. Watschel, watschel: An Land wirken Pinguine unbeholfen. Doch in der Luft verwandeln sie sich in echte Flugkünstler.

   richtig ◯ falsch ◯

2. Wissenschaftler haben Delfinen eine Art Zeichensprache beigebracht, sodass sie mit ihnen kommunizieren können.

   richtig ◯ falsch ◯

3. Seepferdchen gehören zu den Pferden.

   richtig ◯ falsch ◯

4. Im Südpolarmeer lebt so viel Krill, dass sein Gesamtgewicht das Gewicht aller Menschen auf der Erde übersteigt.

   richtig ◯ falsch ◯

5. Viele Küsten senken sich um einen Meter in hundert Jahren. Von den Wikingern genutzte Häfen liegen heute zehn Meter unter dem Wasser.

   richtig ◯ falsch ◯

6. Lange bevor es die ersten Dinosaurier auf dem Festland gab, lebten schon Seesterne in den Meeren – und zwar vor mehr als 450 Millionen Jahren.

richtig ◯ falsch ◯

7. In der Tiefsee ist es so dunkel und kalt, dass es dort keine Lebewesen gibt.

richtig ◯ falsch ◯

8. Wir wissen mehr über die Oberfläche des Mondes als über den Grund der Tiefsee.

richtig ◯ falsch ◯

9. Die Fettschicht der Wale wird Blubber genannt. Sie kann mehrere Zentimeter dick sein.

richtig ◯ falsch ◯

10. Rochen können mit ihren bis zu 1,80 Meter weiten Brustflossen in der Luft wie mit Flügeln schlagen und mehrere Kilometer weit fliegen.

richtig ◯ falsch ◯

10 GEMACHT!

Größer, kleiner oder gleich?

Löse die zehn Aufgaben. Welche Ergebniszahl ist größer, kleiner oder gleich?
Setze die Zeichen <, > oder = richtig in die Qualle ein.

1. vierhundertundvierzig ___ elf · vierzig

2. 5 · 25 ___ einhundertzweiundfünfzig

3. hundertvierzig ___ hundertvierzehn

4. 19 + 109 ___ 360 : 3 + 9

5. drei · hundertelf ___ dreihundertdreiunddreißig

6. sechshundertachtundzwanzig ___ acht · achtzig – zehn

7. 987 – 654 ___ 321

8. fünfzehn · 33 ___ 495

9. 70 · 13 ___ neunhundertdreizehn

10. 990 : 9 ___ elf · neunzig – neunhundert

10 GEMACHT!

meine TOP 10!

Fülle die Liste aus!

10 Meerestiere,
mit denen ich schwimmen möchte

1. ______
2. ______
3. ______
4. ______
5. ______
6. ______
7. ______
8. ______
9. ______
10. ______

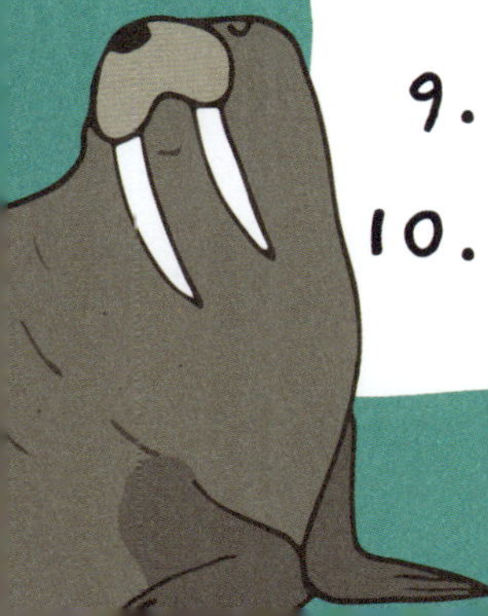

What's in the sea?

Was ist im Meer? Schreibe die Namen der zehn Meeresbewohner auf Englisch in die Kästchen.

Wortspeicher

crab, dolphin, jellyfisch, narwhale, octopus, shark, seahorse, starfish, stingray, turtle

10 GEMACHT!

Ein Wort passt nicht

Flunder, Pinguin, Rochen? Da stimmt doch etwas nicht. In jeder Reihe hat sich ein Wort eingeschlichen, das nicht zu den anderen passt. Weißt du, welches?

1. Flunder Pinguin Rochen Thunfisch Makrele
2. schwimmen baden kraulen fliegen tauchen
3. Schwertwal Blauwal Zwergwal Walhai Grauwal
4. Eisbär Buckelwal Kegelrobbe Oktopus Seeotter
5. Delfin Pinguin Sardine Kiemen Seeigel
6. tief salzig blau warm Alge
7. Atlantik Bodensee Pazifik Ostsee Nordsee
8. Koralle Bullauge Scholle Walross Qualle
9. Zucchini Erbse Seegurke Bohne Lauch
10. Fluss Bach Meer Berg See

10 GEMACHT!

Welche Zahl kommt als Nächstes?

Diese zehn Zahlenreihen folgen jeweils einem bestimmten Muster. Kannst du die Reihen fortsetzen?

		Regel:
1.	8 11 14 17 20 23 [26]	+3
2.	51 43 35 27 19 11 [3]	-8
3.	11 112 213 314 415 [516]	+101
4.	729 243 81 27 9 3 [?]	
5.	1 10 8 80 78 780 [?]	
6.	203 174 145 116 87 58 [?]	
7.	18 108 54 324 162 972 [?]	
8.	400 500 100 200 40 140 [?]	
9.	60 40 120 100 [?] 280 [?]	
10.	1 2 12 [?] 78 79 474 [?]	

10 GEMACHT!

meine TOP 10!

Fülle die Liste aus!

Föhr

Malediven

10 Inseln, die ich besuchen will

1. ____________________

2. ____________________

3. ____________________

4. ____________________

5. ____________________

6. ____________________

7. ____________________

8. ____________________

9. ____________________

10. ____________________

10 GEMACHT!

At the beach

Am Strand – kannst du viele Sachen machen. Bringe die Buchstaben in die richtige Reihenfolge und schreibe die englischen Wörter auf die Linien. Die Buchstaben der Lösung von 1 bis 10 ergeben das Lösungswort.

1.  I build a ____________________. ☐

2.  I watch the ____________________. ☐

3.  I go ____________________. ☐

4. 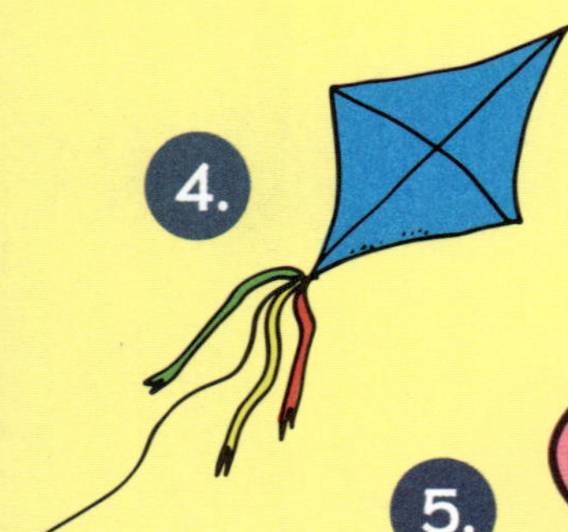 I fly a ____________________. ☐

5.  I eat an ____________________. ☐

S) a e g l u s s n s s **L)** t s n l d a s e a c

I) u g s a l l s e **G)** r u n g s i f **E)** h s s e l l

T) c i e a r m c e **H)** e i t k **O)** a b c h e l a l b

H) l g e o n r i n s k **U)** a r e n m c s u

6.  I go ______________. ☐

7. 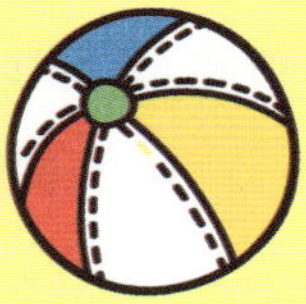 I play with the ______________. ☐

8.  I put on ______________. ☐

9.  I wear ______________. ☐

10.  I collect ______________. ☐

Tipp:
Gesucht ist das englische Wort für Leuchtturm.

Trage hier das Lösungswort ein:

1.	2.	3.	4.	5.	6.	7.	8.	9.	10.

10 GEMACHT!

Leben im Eis

Kennst du dich aus im ewigen Eis? Lies den Text und setze die zehn Begriffe in die Textlücken.

Südpolarmeer

Polarmeere

Nahrung

Pinguine

Eis

Die (1) ____________________ sind extrem kalt. Sie sind die Hälfte des Jahres von dickem (2) ____________________ bedeckt. Im Winter sinkt die Lufttemperatur weit unter den (3) ____________________. Trotzdem gibt es einige Tierarten, die sich dort wohlfühlen. Das (4) ____________________ umgibt die Antarktis. Hier leben (5) ____________________, Seeleoparden, Robben und verschiedene Walarten. Eine dicke (6) ____________________ schützt sie vor Kälte. Im Wasser finden sie reichlich (7) ____________________: kleine Fische, Kalmare, Krebse und Krill. (8) Eisbären sind hingegen am Nordpol zu Hause, in der (9) ____________________. Im Winter ist das Nordpolarmeer zugefroren. Dann wandern sie auf der Suche nach Robben, die an Eislöchern nach Fischen jagen, über das (10) ____________________ und legen dabei täglich viele Kilometer zurück.

Arktis

Gefrierpunkt

~~Eisbären~~

Packeis

Fettschicht

meine TOP 10!

In der Tiefsee herrscht Dunkelheit.

Fülle die Liste aus!

Ein Liter Meerwasser enthält drei Esslöffel Salz.

10 Dinge,

die ich über das Meer weiß

1. ______________________
2. ______________________
3. ______________________
4. ______________________
5. ______________________
6. ______________________
7. ______________________
8. ______________________
9. ______________________
10. ______________________

10 GEMACHT!

Inselhopping

Ein Wirbelsturm hat auf dieser Seite die Inselnamen durcheinandergewirbelt. Bringe die Buchstaben in die richtige Reihenfolge und schreibe sie in die Kästchen.

Tipp:
Gesucht ist der Name einer Insel aus den Büchern von Michael Ende.

Trage hier das Lösungswort ein:

Eins, zwei, drei ... tausend!

Welche Zahlen verstecken sich unter den Symbolen?
Trage sie unten in die Kästchen ein.

10	20	30	40	50	60	70	80	90	100
110	120	130	140	150		7076			

							480		
									600
			640						

	920								

						160			

One letter is missing

Ein Buchstabe fehlt in jedem der zehn Mini-Kreuzworträtsel. Weißt du, welcher?

Diese Buchstaben fehlen:

A A B E I N M O O R

Streiche sie durch, wenn du sie verwendet hast.

1. senkrecht: P E _ R L – waagerecht: B E _ C H

2. senkrecht: S H _ R E – waagerecht: F L _ A T

3. senkrecht: O C _ A N – waagerecht: S H _ L L

4. senkrecht: F J _ R D – waagerecht: A T _ L L

5. senkrecht: S H _ R K – waagerecht: W H _ L E

6. CA OE
DU ES

7. PEL CAN
COL BRI

8. MER AID
ANE ONE

9. ICE ERG
BUB LES

10. SNO KEL
CUR ENT

Wer suchet, der findet

Suche die passenden Rettungsringhälften und setze sie zu zehn Begriffen zusammen. Lies die Wörter im Uhrzeigersinn und schreibe sie auf. Den Anfangsbuchstaben musst du selbst finden.

1. 17. + 4. = Brandung
2.
3.
4.
5.
6.
7.
8.
9.
10.

Ahoi, Landratten!

Beim Klabautermann! Seeleute sprechen eine eigene Sprache.
Was bedeuten die Wörter und Redewendungen? Ordne sie zu.

9. Badegast
4. Mast- und Schotbruch!
3. Großer Teich
1. Blanker Hans
7. Steuerbord
10. Bananenschwein
2. Backbord
8. Seebär
5. Bug
6. Fische füttern

- [ ] Rechte Seite des Schiffes
- [ ] Viel Glück!
- [ ] Ratten, die sich in Bananenkisten verstecken
- [ ] Person, die keine seemännische Fähigkeit hat
- [ ] Die stürmische Nordsee
- [ ] Vorderer Teil des Schiffes
- [ ] Sich übergeben, weil man seekrank ist
- [ ] Erfahrener Seemann
- [ ] Linke Seite des Schiffes
- [ ] Atlantik

10 GEMACHT!

Meerestier gesucht

Zeichne die Zeiten in die Uhren ein und ordne sie von früh bis spät. Richtig sortiert ergeben die Lösungsbuchstaben ein Meerestier, das in der Nord- und Ostsee lebt.

I 10:15

H 17:00

N 11:25

H 00:05

S 15:35

I 22:10

R 07:20

A 18:55

E 04:45

G 12:40

Trage hier die Buchstaben in der richtigen Reihenfolge ein:

10 GEMACHT!

Löse die Ozeano-do-kus

Kennst du Sudoku? Dann kannst du die zehn Ozeano-do-kus bestimmt lösen. Jedes Symbol darf in jeder Zeile, in jeder Spalte und in jedem 4er-Quadrat nur einmal vorkommen.

1.

2.

3.

4.

5.

6.

7.

8.

9.

10.

10 GEMACHT!

Finde die Wörter

Welche zehn Wörter sind gesucht? Die Zahlen neben und unter den Bildern verraten dir, welche Buchstaben du streichen oder gegen andere austauschen sollst.

1 = S

1 = T
4 = G

1.

1 = T
3 = E
4 = I
~~6~~

1 = G

2.

~~1~~ ~~2~~ ~~3~~ ~~4~~
5 = B

2 = T
~~3~~ ~~4~~

3.

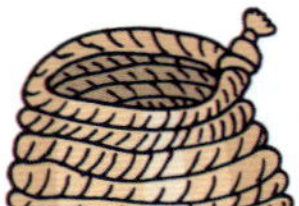

2 = S

1 = N
4 = I
~~5~~

4.

1 = M
2 = O
3 = N

1 = W
~~6~~

5.

~~1~~
2 = R
3 = I
4 = E

1 = M
2 = U

6.

												L

1 = M
6 = S

1 = G
4 = N
5 = D

7.

1 = K

~~1~~
2 = A

1 = R
~~2~~ ~~3~~

8.

~~1~~
2 = Z
5 = P
6 = L

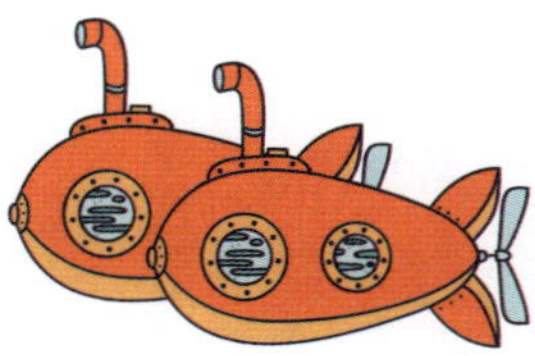

4 = T
5 = O

9.

										N

5 = F
6 = F

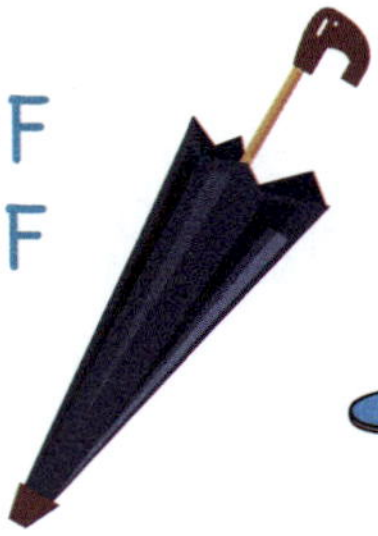

2 = W
~~3~~

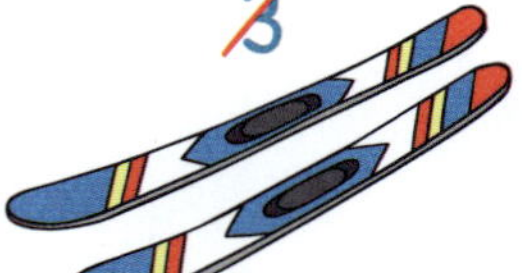

1 = R
~~5~~

10 GEMACHT!

10.

I see the sea

Ich sehe die See! Verbinde die Wörter, die ähnlich klingen, mit einer Linie.

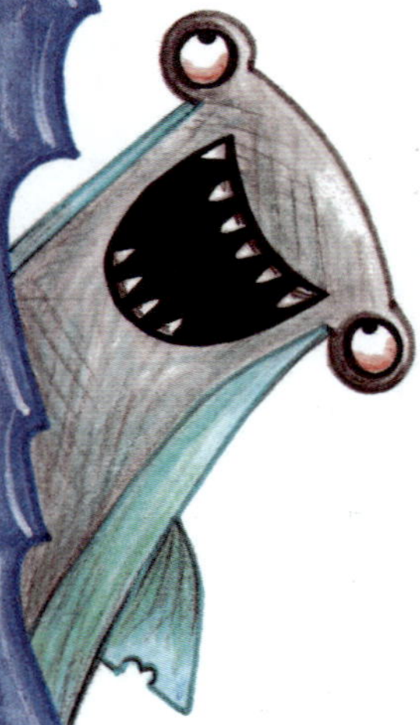

boat	sleep
ship	cave
deep	sail
shore	goat
salt	door
submarine	knot
whale	fault
yacht	thief
wave	trip
reef	halloween

Tipp: Lies die Wörter leise vor dich hin.

10 GEMACHT!

meine TOP 10!

Koje = Bett

Smutje = Koch

Fülle die Liste aus!

10 Seemannsbegriffe, die ich kenne

1. ______________________

2. ______________________

3. ______________________

4. ______________________

5. ______________________

6. ______________________

7. ______________________

8. ______________________

9. ______________________

10. ______________________

10 GEMACHT!

Wort, verwandle dich!

Wie wird aus dem Wort Wind das Wort Ball? Ändere in jeder Zeile einen Buchstaben, sodass ein neues Wort entsteht. Aufgepasst! In jeder Zeile und in jeder Spalte darf nur ein Buchstabe geändert werden.

1.

W	I	N	D
W		N	D
W	A		D
	A	L	D
B	A	L	L

2.

L	U	F	T
L	U		T
L		S	T
	A	S	T
H	A	B	E

3.

T	E	X	T
R	O	S	S

4.

H	A	L	S
F	E	S	T

5.

T	I	E	R
M	E	H	L

6.

GABE

WURM

7.

WURF

DAMM

8.

ZAHN

BUND

9.

BETT

FASS

10.

BART

HOHN

10 GEMACHT!

Logische Reihe

Hier sind schlaue Ideen gefragt, um die Reihen zu vervollständigen.
Was kommt als Nächstes?

1. 

2. 

3. 

4. 

5. 

6. 

7. 

8. 

9. 

10. 

10 GEMACHT!

Kapitänsmütze

meine TOP 10!

Fernrohr

Fülle die Liste aus!

10 Dinge,

die ich als Seefahrer brauche

1. ______________________
2. ______________________
3. ______________________
4. ______________________
5. ______________________
6. ______________________
7. ______________________
8. ______________________
9. ______________________
10. ______________________

10 GEMACHT!

Fisch-Rallye

Auf die Plätze, fertig, los! Welcher ist der schnellste Fisch? Löse die zehn Aufgaben. Der Fisch mit der kleinsten Zahl, die sowohl durch 3 als auch durch 4 teilbar ist, gewinnt.

1.  $220 + 20 + 22 + 2 =$

2.  $390 + 410 - 490 - 190 =$

3. 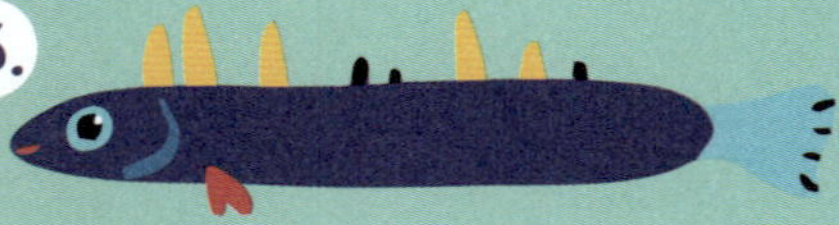 $834 - 50 + 148 - 896 =$

4.  $101 + 567 - 189 - 77 =$

5.  $120 + 220 + 330 + 46 =$

6.  937 - 379 - 397 - 137 =

7.  310 + 301 - 130 - 325 =

8.  899 - 818 + 81 - 150 =

9.  445 - 54 - 222 - 163 =

10.  117 + 233 + 465 + 137 =

10 GEMACHT!

Bist du eine Meeresexpertin?

Beantworte die zehn Expertenfragen.
Die Buchstaben hinter den richtigen Antworten ergeben das Lösungswort.

1. Wie wird die Erde auch genannt?

a. Blauer Planet **S**
b. Weißer Planet **T**
c. Roter Planet **G**

2. Wie viel Prozent der Erdoberfläche sind von Wasser bedeckt?

a. 25 Prozent **E**
b. 71 Prozent **A**
c. 96 Prozent **T**

3. Welcher Himmelskörper beeinflusst die Gezeiten Ebbe und Flut?

a. Sonne **I**
b. Jupiter **B**
c. Mond **U**

4. Welches ist das größte Meer?

a. Pazifischer Ozean **E**
b. Nordpolarmeer **M**
c. Indischer Ozean **S**

5. Wodurch entstehen Wellen?

a. Durch Unterdruck **H**
b. Durch Wind **R**
c. Durch Sonnenenergie **W**

6. Welches Meer ist in Wirklichkeit nur ein großer See?

a. Totes Meer **S**
b. Karibisches Meer **O**
c. Mittelmeer **L**

7. Wo liegt das Große Barriereriff, das größte Korallenriff der Erde?

a. Im Polarmeer **G**
b. Zwischen Nord- und Südamerika **P**
c. Vor Australien **T**

8. Welcher Meeresbewohner ist kein Fisch?

a. Hammerhai **J**
b. Delfin **O**
c. Seekatze **L**

9. Wovon ernähren sich Walhaie?

a. Muscheln **N**
b. Korallen **C**
c. Krill **F**

10. Wie nennt man die Fangarme der Kraken?

a. Wurfarm **H**
b. Lasso **K**
c. Tentakel **F**

Tipp:
Gesucht ist ein Gas, das im Meer produziert wird.

Trage hier das Lösungswort ein:

1.	2.	3.	4.	5.	6.	7.	8.	9.	10.

10 GEMACHT!

Buckelwal oder Bukelwal?

Tipp:
Lies die Wörter leise vor. Wird ein Vokal kurz gesprochen, schreibst du ck.

Wird ein Vokal lang gesprochen, schreibst du nur k.

Wie schreibst du diese zehn Nomen? Umrande den Buchstaben der richtigen Lösung. Alle zusammen ergeben von oben nach unten gelesen das Lösungswort.

1.	der Buckelwal (S)	der Bukelwal (S)
2.	der Tentackel (E)	der Tentakel (A)
3.	die Seepoke (H)	die Seepocke (L)
4.	das Packeis (Z)	das Pakeis (R)
5.	der Pelickan (Ä)	der Pelikan (W)
6.	die Drukluft (B)	die Druckluft (A)
7.	der Riesenkracke (Z)	der Riesenkrake (S)
8.	der Schiffshaken (S)	der Schiffshacken (E)
9.	der Perlenschmuk (H)	der Perlenschmuck (E)
10.	das Schiffswrack (R)	das Schiffswrak (G)

10 GEMACHT!

Knack den Buchstabencode

Jeder Buchstabe des Wortes STRANDKORB steht für eine Zahl.
Entschlüssle den Code und löse die zehn Aufgaben.

S + T + R + A + N + D + K + O + R + B = 1000

S = 10 · 30

T = A · 2

R = K : 8 − 9

A = S : 5

N = T + 44

D = ?

K = S − N

O = T : R · 7

R = ?

B = O : 21 · R

Schüttelwörter

Buchstaben-Detektive aufgepasst! Die Buchstaben dieser zehn Meerestiernamen wurden kräftig durcheinandergeschüttelt. Bringe sie in die richtige Reihenfolge und schreibe sie mit Artikel auf.

1. a h a l W i

Walhai

2. f e l n i D

Delfin

3. u e l B a g

4. m a h m H e r a i

5. k w e u B l c a l

6. s i m l s e e
u M h c

7. s i k D o t
f o h r c

8. i t h e e r r
o n t Z c

9. c k ö S l d
h r i e t

10. p S e e g l i l
u e i e q l a

10 GEMACHT!

Talk like a pirate

Sprich wie ein Pirat. Verbinde die englischen Sätze mit der richtigen Übersetzung!

10. Me hearties
8. Arr!
5. Heave Ho!
2. Ahoy, Matey!
7. Walk the plank
4. Jolly Roger
6. Shiver me timbers!
1. Thar she blows!
3. Aye, Aye, sir!
9. Avast ye matey!

A. Über die Planke gehen

B. Hau ruck!

C. Meine tapferen Jungs

D. Wal in Sicht!

E. Jawohl!

F. Ahoi, Matrose!

G. Zu Befehl!

H. Beim Klabautermann!

I. Piratenflagge

J. Schaut her!

10 GEMACHT!

meine TOP 10!

Ihre Haut fühlt sich an wie Sandpapier.

Fülle die Liste aus!

Sie sind extrem schnell.

10 Gründe,

warum ich Haie ~~nicht~~ mag

1. ______
2. ______
3. ______
4. ______
5. ______
6. ______
7. ______
8. ______
9. ______
10. ______

10 GEMACHT!

Leinen los!

Jeweils 1000 Passagiere sind auf diesen zehn Schiffen an Bord. Wählen von den Zahlen in den Dampfwolken oder in den Fischen immer zwei aus, sodass die Gesamtzahl 1000 ergibt.

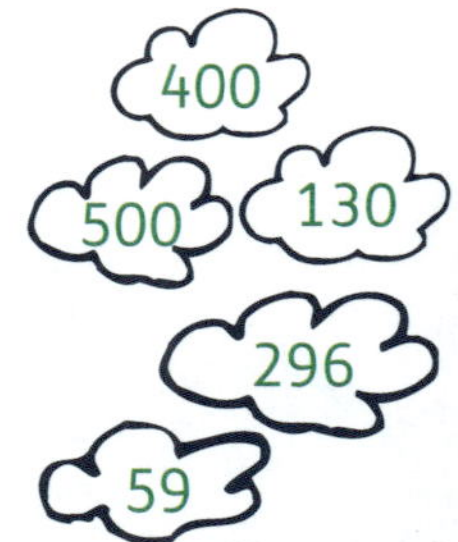

6.
736
64
200
18
357
105
487
356
243
687
96
7.
157
480
330
600
800
320
200
8.
540
9.
480
330
130
190
210
610
930
342
864
252
138
10.
10
GEMACHT!

Knack den Code!

Welches Symbol steht für welche Zahl? Wenn du die Zahlen in den einzelnen Spalten und Zeilen addierst, erhältst du die Summe, die am Rand steht.

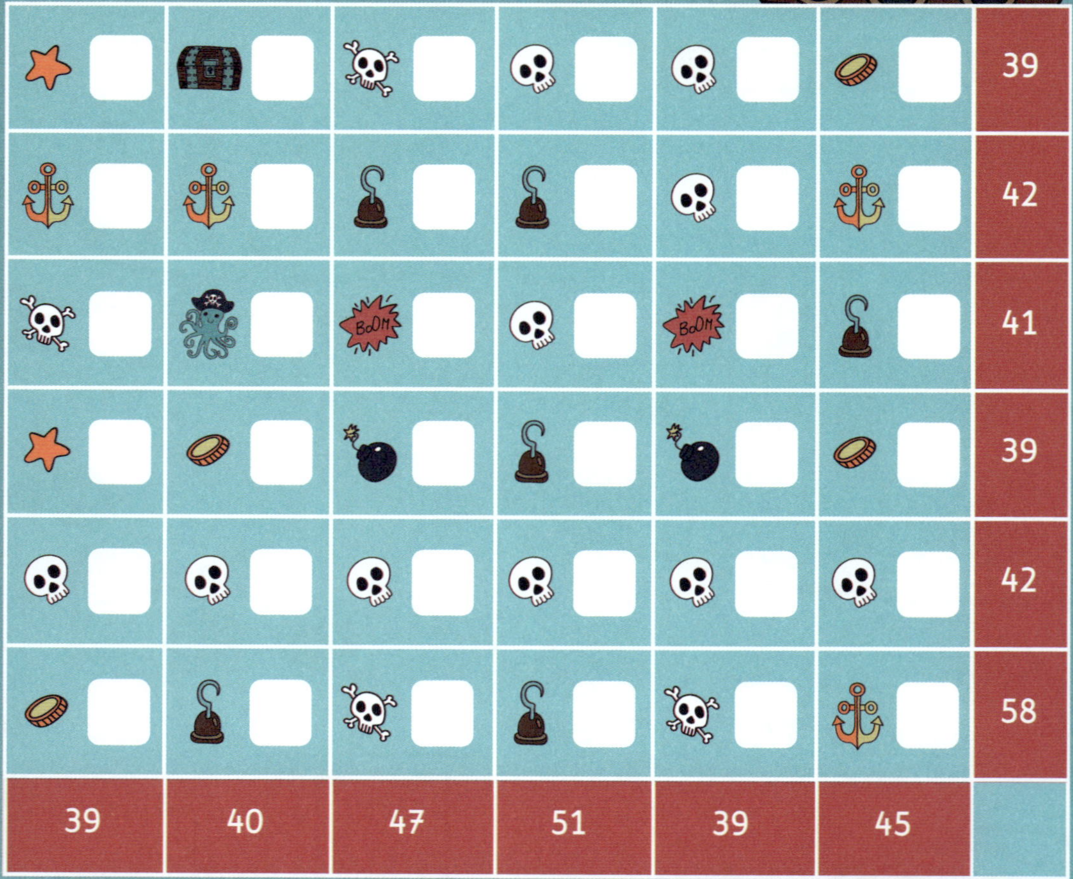

READ BACKWARDS

Lies rückwärts und ordne die zehn englischen Wörter den Bildern zu.

1. ETARIP ☐
2. ELDDAP ☐
3. SSAPMOC ☐
4. ROHCNA ☐
5. DNALSI ☐
6. TAOBLIAS ☐
7. EPOCSELET ☐
8. ENIRAMBUS ☐
9. ESUOHTHGIL ☐
10. TLEBEFIL ☐

A
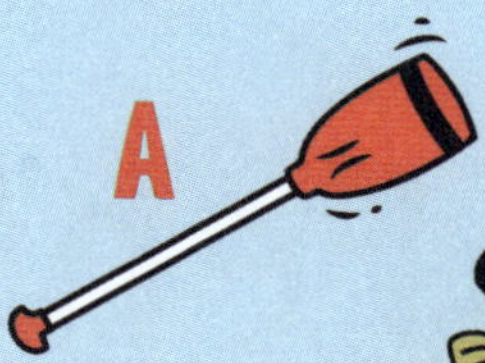

D

C

G

B

J

H

I
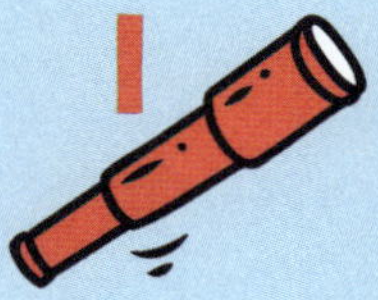

E

F

Fehlerteufel

Hier stimmt doch etwas nicht!
Diese zehn Begriffe haben ziemlich viele Buchstaben.
Aber einer ist zu viel. Weißt du, welcher?
Streiche durch.

1. ANTARKTICKA
2. SPRINGFLUDT
3. HURRIKKAN
4. LARGUNE
5. ORGANISMUSS
6. SCHILDTKRÖTE
7. GEHZEITEN
8. TEMBPERATUR
9. FEUERQWUALLE
10. ERDERWÄHRMUNG

10 GEMACHT!

meine TOP 10!

Qualle

Fülle die Liste aus!

10 Meerestiere, die ich mag

1. ______________________________

2. ______________________________

3. ______________________________

4. ______________________________

5. ______________________________

6. ______________________________

7. ______________________________

8. ______________________________

9. ______________________________

10. ______________________________

10 GEMACHT!

Seestern

See-Tiere gesucht

Die Namen vieler Meeresbewohner beginnen mit dem Wort „See“. Welche zehn gibt es wirklich? Kreuze an.

- ☐ -kuh
- ☐ -hörnchen
- ☐ -bär
- ☐ -ameise
- ☐ -libelle
- ☐ -hund
- ☐ -hase
- ☐ -nadel

SEE

- ☐ -igel
- ☐ -wespe
- ☐ -elefant
- ☐ -stern
- ☐ -frosch
- ☐ -specht
- ☐ -drache
- ☐ -dachs
- ☐ -kamel

Which comes first?

Welches Wort kommt zuerst im Wörterbuch? Schreibe die Wörter in jeder Aufgabe in der richtigen Reihenfolge auf.

1.
a) SAILOR
b) SAIL
c) SAILBOAT

2.
a) LAND
b) SAND
c) ISLAND

3.
a) WHAT
b) WATER
c) WHY

4.
a) BUOY
b) BEACH
c) BAY

5.
a) SEAWEED
b) SEAHORSE
c) SEAGULL

6.
a) DEPTH
b) DEEP
c) DEPART

7.
a) PEARL
b) PORT
c) PLANKTON

8.
a) SHIPYARD
b) SHIP
c) SHIPWRECK

9.
a) ARCTIC
b) ATLANTIC
c) ANTARCTIC

10.
a) OCEANIC
b) OCEANOGRAPHY
c) OCEAN

10 GEMACHT!

Das Meer in Zahlen

Auf dieser Seite schwimmen die Zahlen durcheinander.
Weißt du, welche Zahl welche Frage beantwortet? Die Buchstaben ergeben richtig zugeordnet das Lösungswort.

W 97 F 1 R 110

1. Die Meere bedecken den größten Teil der Erdoberfläche. Wie viel Prozent des Wassers der Erde enthalten sie?

2. Der Marianengraben ist die tiefste Stelle des Meeresbodens. Wie viele Meter ist er tief?

3. Vor Australien liegt das Große Barriereriff. Es ist das größte Korallenriff der Erde. Wie viele Kilometer ist es lang?

4. Der Blauwal ist das größte Tier der Erde. Wie viele Meter wird er lang?

5. Tsunamis sind riesige Wellen, die im Meer entstehen und auf die Küste treffen. Mit wie viel Stundenkilometer rasen sie über das Wasser?

D 33 I 10994

N 18

U 27

N 2300

6. Der Koloss-Kalmar lebt in der Tiefsee. Er hat die größten Augen aller Meerestiere. Wie viele Zentimeter misst ihr Durchmesser?

7. Der Fächerfisch ist der schnellste Meeresfisch. Wie viele Stundenkilometer ist er schnell?

8. Der Pottwal hat die größten Zähne unter den Walen. Wie viel Kilogramm kann ein Zahn schwer werden?

9. Der Weiße Hai ist ein gefährlicher Jäger mit einer sensiblen Nase. Aus wie viel Kilometer Entfernung kann er einen Tropfen Blut riechen?

10. Kaiserpinguine tauchen bis zu 500 Meter tief. Wie viele Minuten können sie unter Wasser bleiben, bevor sie Luft holen müssen?

S 800

E 5

Tipp:
Gesucht ist eine Wassersportart.

Trage hier das Lösungswort ein:

1.	2.	3.	4.	5.	6.	7.	8.	9.	10.

10 GEMACHT!

Zickzack-Suchsel

Fahre mit dem Stift im Zickzack durch das Buchstabenmeer und finde die zehn Wörter. Du kannst nach rechts, links, oben und unten suchen. Alle Buchstaben werden genau einmal berührt, am Ende bleibt kein Buchstabe übrig.

S	K	L	A	B	A	U	T	E	R
T	M	A	T	R	O	S	E	S	M
E	T	O	O	B	L	E	G	E	A
U	W	I	R	B	E	L	S	T	N
E	M	E	L	B	A	C	K	U	N
R	E	G	S	D	R	O	B	R	M
B	E	E	C	H	I	F	F	G	S
O	R	I	T	R	H	A	F	N	T
R	E	P	L	E	U	C	H	U	R
D	S	S	M	R	U	T	T	M	Ö

10 GEMACHT!

meine TOP 10!

Fülle die Liste aus!

Plastikmüll verringern

10 Dinge,
die ich für das Meer tun kann

Vom Meer erzählen

1. ______
2. ______
3. ______
4. ______
5. ______
6. ______
7. ______
8. ______
9. ______
10. ______

10 GEMACHT!

Lösungen

Seite 4

				F									
				L									
				A			F				A		
				S	C	H	I	F	F		N		
				C			S				K		
				H			C				E		
			L	E	U	C	H	T	T	U	R	M	
				N								U	
				P			K	O	M	P	A	S	S
				O					Ö			C	
				S					W			H	
U	B	O	O	T				W	E	L	L	E	
												L	

Seite 5

1. 550 - 120 = **430**
2. 320 + 430 = **750**
3. 275 - **135** = 140
4. **420** + 570 = 990
5. 897 - 668 = **229**
6. **790** - 645 = 145
7. 342 + **657** = 999
8. 154 + 846 = **1000**
9. **254** + 569 = 823
10. 810 - **349** = 461

Seite 6

Plastikbecher mit Strohhalm, Plastiktüte, Plastikflasche, Plastikkanister, Batterien, Glasflasche, Coladosen, Konservendose, Zigaretten, Reifen

Seite 8

die Insel – der Pinsel, die Flut – die Glut,
die Welle – die Bälle, der Turm – der Sturm,
der Sand – der Strand, der Wal – die Zahl,
die Möwe – der Löwe, das Schiff – das Riff,
der Fisch – der Tisch, die Koralle – die Qualle

Seite 9

 two

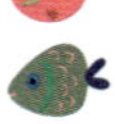 six

 three

 nine

 ten

 five

 eight

 four

 one

 seven

Seite 10-11

1.

			L	Ü			
		R	E	V	G		
	R	V	B	G	T	Z	
A	**N**	**E**	**M**	**O**	**N**	**E**	W
E	C	D	F	R	E	S	V
	E	C	F	R	T	B	
		N	Ö	Ö	X		
			R	Z			

2.

			L	Ü			
		D	E	V	G		
	R	V	**Ü**	G	T	Z	
Y	Ü	N	M	**N**	R	E	S
E	C	D	F	R	**E**	S	V
	E	C	F	R	T	B	
		N	Ö	Ö	X		
			R	Z			

3.

			S	D			
		D	**E**	V	G		
	R	V	**B**	H	T	Z	
Y	B	N	**B**	P	R	E	S
E	B	D	**E**	R	E	B	V
	E	C	D	R	T	B	
		N	B	K	Ü		
			F	J			

4.

			F	M			
		D	E	V	**O**		
	E	V	B	**Z**	O	Z	
Y	B	N	**E**	Z	R	E	S
E	B	**A**	Z	E	D	S	V
	N	C	D	A	Z	O	
		N	B	K	X		
			K	T			

5.

			F	M			
		D	I	L	L		
	R	**K**	B	Z	O	Z	
W	F	**R**	L	G	E	U	K
A	B	**I**	Z	L	K	S	B
	L	**L**	D	L	Z	A	
		L	B	K	Ü		
			D	R			

6.

			W	A			
		J	Ü	L	G		
	R	V	C	Z	O	Z	
K	F	**A**	**L**	**G**	**E**	U	K
A	B	A	Z	L	K	S	B
	L	G	Q	A	Z	D	
		L	C	K	Ü		
			V	I			

7.

			H	I			
		U	E	R	L		
	R	V	B	Z	U	T	
W	O	O	E	Z	R	E	T
T	P	N	T	U	P	Ü	B
	N	**U**	**B**	**O**	**O**	**T**	
		W	U	H	G		
			T	B			

8.

			M	X			
		W	I	J	K		
	R	V	V	N	W	Z	
W	F	B	E	Z	I	E	N
B	**W**	A	I	N	H	S	W
	N	**I**	D	A	Z	L	
		L	**N**	K	Ä		
			N	**D**			

9.

			T	Z			
		B	A	L	G		
	S	V	B	U	O	Z	
K	F	A	E	A	R	E	N
Ö	B	L	L	**W**	L	S	B
	N	Ü	D	**A**	M	A	
		S	B	**L**	Ü		
			O	X			

10.

			E	J			
		S	R	H	F		
	R	V	A	I	O	I	
L	F	B	E	Z	R	K	N
M	A	I	**H**	L	L	S	B
	N	L	D	**A**	Z	A	
		H	B	K	**I**		
			A	G			

Seite 12-13

1.
57
34 23
13 **21** **2**

2.
80
48 **32**
40 8 **24**

3.
67
33 **34**
10 23 **11**

4.
900
700 200
600 100 **100**

5.
602
12 **590**
10 2 **588**

6.
137
69 **68**
35 34 34

7.

		897			
	659		238		
604		55		**183**	

8.

		669			
	100		**569**		
31		69		**500**	

9.

		653			
	232		**421**		
43		**189**		**232**	

10.

		391			
	240		151		
153		**87**		64	

Seite 14

Vulkaninsel – Inselgruppe, Tiefsee – Seestern, Zwergwal – Walhai, Sandbank – Banküberfall, Liegestuhl – Stuhlbein, Salzwasser – Wasserski, Strandkorb – Korbball, Eisberg – Berggipfel, Krümelmonster – Monsterwelle, Kreidefelsen – Felsenküste

Seite 15

 14 · 6 = 84

 84 · 4 = 336

 336 : 12 = 28

 28 · 5 = 140

 140 : 7 = 20

 20 · 10 = 200

 200 : 25 = 8

 8 · 12 = 96

 96 : 4 = 24

 24 · 5 = 120

Seite 16

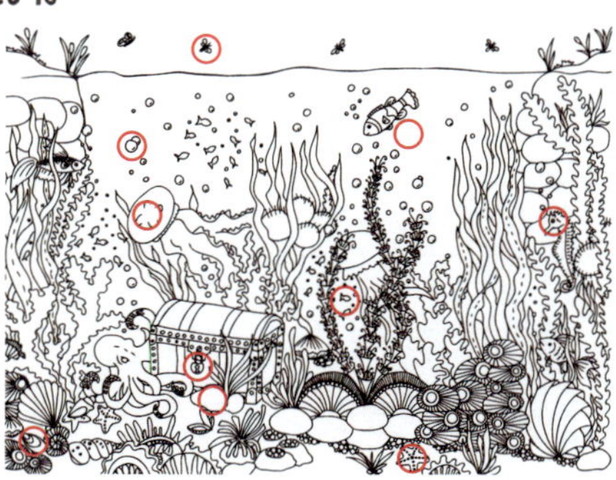

Seite 18

die Meer-jung-frau, das Se-gel-boot, die Fla-schen-post, der Ret-tungs-ring, das Kreuz-fahrt-schiff, die Schatz-kar-te, das Steu-er-rad, das See-pferd-chen, der Ma-tro-se, der Tin-ten-fisch

Seite 19

1. S**AND**, 2. S**WELL**, 3. IS**LAND**, 4. **SAIL**OR, 5. **BARN**ACLE, 6. SUR**FACE**, 7. ATL**ANT**IC, 8. MER**MAID**, 9. UR**CHIN**, 10. HURRI**CANE**

Seite 20

1. **2** · 19 = **38**
2. **3** · 49 = **147**
3. 16 · **4** = **64**
4. **7** · 28 = **196**
5. **5** · 66 = **330**
6. **10** · 18 = **180**
7. 11 · **11** = **121**
8. **8** · 13 = **104**
9. 17 · **6** = **102**
10. **9** · 25 = **225**

Seite 21

1. Bandfisch, 2. Bandrobbe, 3. Barrakuda, 4. Bartrobbe, 5. Becherqualle, 6. Belugawal, 7. Blauhai, 8. Blauringkrake, 9. Blauwal, 10. Blindhai

Seite 22-23

1. Falsch. Pinguine können nicht fliegen. Sie sind aber gute Schwimmer. 2. Richtig. 3. Falsch. Seepferdchen gehören zu den Fischen. 4. Richtig. 5. Falsch. Viele Küsten heben sich um einen Meter in hundert Jahren. 6. Richtig. 7. Falsch. In der Tiefsee gibt es Leben. 8. Richtig. 9. Richtig. 10. Falsch. Rochen können nicht fliegen. Sie können aber mehrere Meter aus dem Wasser springen, indem sie mit ihren Brustflossen Schwung holen.

Seite 24

1. vierhundertundvierzig = elf · vierzig
2. 5 · 25 < einhundertzweiundfünfzig
3. hundertvierzig > hundertvierzehn
4. 19 + 109 < 360 : 3 + 9
5. drei · hundertelf = dreihundertdreiunddreißig
6. sechshundertachtundzwanzig < acht · achtzig - zehn
7. 987 - 654 > 321
8. fünfzehn · 33 = 495
9. 70 · 13 < neunhundertdreizehn
10. 990 : 9 > elf · neunzig - neunhundert

Seite 26

					S								
		T	U	R	T	L	E						
					A								
		S	H	A	R	K							
		E			F								
C	R	A	B		I								
		H			S								
	D	O	L	P	H	I	N					O	
		R					A					C	
		S	T	I	N	G	R	A	Y			T	
		E					W					O	
							H					P	
							A					U	
					J	E	L	L	Y	F	I	S	H
							E						

Seite 27

1. Pinguin (kein Fisch), 2. fliegen (kein Wort für schwimmen), 3. Walhai (kein Wal), 4. Oktopus (kein Säugetier), 5. Kiemen (wird mit ie geschrieben), 6. Alge (kein Adjektiv), 7. Bodensee (kein Meer), 8. Walross (wird nicht mit Doppel-l geschrieben), 9. Seegurke (kein Gemüse), 10. Berg (gehört nicht zum Wortfeld Wasser)

Seite 28

1. 8 11 14 17 20 23 **26**
   Regel: **+ 3**
2. 51 43 35 27 19 11 **3**
   Regel: **- 8**
3. 11 112 213 314 415 **516**
   Regel: **+ 101**
4. 729 243 81 27 9 3 **1**
   Regel: **: 3**
5. 1 10 8 80 78 780 **778**
   Regel: **· 10, - 2**
6. 203 174 145 116 87 58 **29**
   Regel: **- 29**
7. 18 108 54 324 162 972 **486**
   Regel: **· 6, : 2**
8. 400 500 100 200 40 140 **28**
   Regel: **+ 100, : 5**
9. 60 40 120 100 **300** 280 **840**
   Regel: **- 20, · 3**
10. 1 2 12 **13** 78 79 474 **475**
    Regel: **+ 1, · 6**

Seite 30-31

1-L) I build a **sandcastle**. 2-I) I watch the **seagulls**. 3-G) I go **surfing**. 4-H) I fly a **kite**. 5-T) I eat an **ice cream**. 6-H) I go **snorkeling**. 7-O) I play with the **beachball**. 8-U) I put on **suncream**. 9-S) I wear **sunglasses**. 10-E) I collect **shells**.

Lösungswort: lighthouse

Seite 32

Die (1) **Polarmeere** sind extrem kalt. Sie sind die Hälfte des Jahres von dickem (2) **Eis** bedeckt. Im Winter sinkt die Lufttemperatur weit unter den (3) **Gefrierpunkt**. Trotzdem gibt es einige Tierarten, die sich dort wohlfühlen.
Das (4) **Südpolarmeer** umgibt die Antarktis. Hier leben (5) **Pinguine**, Seeleoparden, Robben und verschiedene Walarten. Eine dicke (6) **Fettschicht** schützt sie vor Kälte. Im Wasser finden sie reichlich (7) **Nahrung**: kleine Fische, Kalmare, Krebse und Krill. (8) **Eisbären** sind hingegen am Nordpol zu Hause, in der (9) **Arktis**. Im Winter ist das Nordpolarmeer zugefroren. Dann wandern sie auf der Suche nach Robben, die an Eislöchern nach Fischen jagen, über das (10) **Packeis** und legen dabei täglich viele Kilometer zurück.

Seite 34

					U		H	A	W	A	I	I
					S		E					
					E		L				J	
			M	A	D	A	G	A	S	K	A	R
					O		O		I		M	
					M		L		Z		A	
						T	A	H	I	T	I	
							N		L		K	
G	R	Ö	N	L	A	N	D		I		A	
					M				E			
					R	Ü	G	E	N			
					U							
					M							

Lösungswort:

L	U	M	M	E	R	L	A	N	D

Seite 35

10	20	30	40	50	60	70	80	90	100
110					160				
			240						
									400
410							480		
				550					600
			640					690	
						770			
		830							900
	920						980		

770	400	830	410	550	980	160	690	900	240

Seite 36–37

1. PEARL – BEACH
2. SHORE – FLOAT
3. OCEAN – SHELL
4. FJORD – ATOLL
5. SHARK – WHALE
6. CANOE – DUNES
7. PELICAN – COLIBRI
8. MERMAID – ANEMONE
9. ICEBERG – BUBBLES
10. SNORKEL – CURRENT

Seite 38–39

17. + 4. Brandung, 13. + 2. Horizont, 11. + 9. Gewässer, 7. + 1. Gezeiten, 12. + 5. Weltmeer, 3. + 19. Strömung, 15. + 6. Irrlicht, 10. + 14. Haifisch, 8. + 18. Sandbank, 20. + 16. Plankton

Seite 40

7. Rechte Seite des Schiffes, 4. Viel Glück!, 10. Ratten, die sich in Bananenkisten verstecken, 9. Person, die keine seemännische Fähigkeiten hat, 1. Die stürmische Nordsee, 5. Vorderer Teil des Schiffes, 6. Sich übergeben, weil man seekrank ist, 8. Erfahrener Seemann, 2. Linke Seite des Schiffes, 3. Atlantik

Seite 41

H E R I N

G S H A I

Lösungswort: Heringshai

Seite 42–43

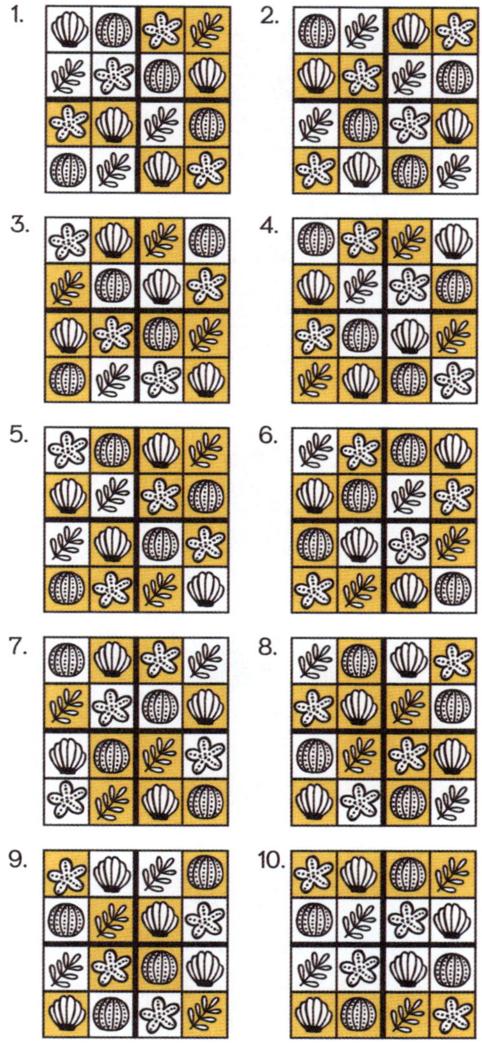

Seite 44–45

1. Seetang, 2. Treibgut, 3. Bernstein, 4. Tsunami, 5. Monsterwelle, 6. Riesenmuschel, 7. Meeresgrund, 8. Korallenriff, 9. Zooplankton, 10. Schiffswrack

Seite 46

boat – goat, ship – trip, deep – sleep, shore – door, salt – fault, submarine – halloween, whale – sail, yacht – knot, wave – cave, reef – thief

Seite 48–49

1.

W	I	N	D
W	**A**	N	D
W	A	**L**	D
B	A	L	D
B	A	L	L

2.

L	U	F	T
L	U	**S**	T
L	**A**	S	T
H	A	S	T
H	A	S	E

3.

T	E	X	T
T	E	**S**	T
R	E	S	T
R	**O**	S	T
R	O	S	S

4.

H	A	L	S
H	A	**S**	S
F	A	S	S
F	A	S	**T**
F	E	S	T

5.

T	I	E	R
T	**E**	E	R
M	E	E	R
M	E	**H**	R
M	E	H	L

6.

G	A	B	E
W	A	B	E
W	A	**R**	E
W	A	R	**M**
W	U	R	M

7.

W	U	R	F
W	U	R	**M**
W	**A**	R	M
D	A	R	M
D	A	M	M

8.

Z	A	H	N
B	A	H	N
B	A	**N**	N
B	A	N	**D**
B	U	N	D

9.

B	E	T	T
F	E	T	T
F	E	**S**	T
F	**A**	S	T
F	A	S	S

10.

B	A	R	T
H	A	R	T
H	**O**	R	T
H	O	R	**N**
H	O	H	N

Seite 50

1. 
2. 
3. 
4. 
5. 
6. 
7. 
8. 
9. 
10. 

Seite 52–53

1. 220 + 20 + 22 + 2 = **264**
2. 390 + 410 - 490 - 190 = **120**
3. 834 - 50 + 148 - 896 = **36**
4. 101 + 567 - 189 - 77 = **402**
5. 120 + 220 + 330 + 46 = **716**
6. 937 - 379 - 397 - 137 = **24**
7. 310 + 301 - 130 - 325 = **156**
8. 899 - 818 + 81 - 150 = **12**
9. 445 - 54 - 222 - 163 = **6**
10. 117 + 233 + 465 + 137 = **952**

Fisch Nummer 8 gewinnt. 12 ist die kleinste Zahl, die sowohl durch 3 als auch durch 4 teilbar ist.

Seite 54–55

1–a, 2–b, 3–c, 4–a, 5–b, 6–a, 7–c, 8–b, 9–c, 10–c

Lösungswort: Sauerstoff

Seite 56

1.	der Buckelwal	**S**
2.	der Tentakel	**A**
3.	die Seepocke	**L**
4.	das Packeis	**Z**
5.	der Pelikan	**W**
6.	die Druckluft	**A**
7.	der Riesenkrake	**S**
8.	der Schiffshaken	**S**
9.	der Perlenschmuck	**E**
10.	das Schiffswrack	**R**

Lösungswort: Salzwasser

Seite 57

S = 10 · 30 = 300
T = 60 · 2 = 120
R = 136 : 8 - 9 = 8
A = 300 : 5 = 60
N = 120 + 44 = 164
D = 1000 - 300 - 120 - 8 - 60 - 164 - 136 - 105 - 8 - 40 = 59
K = 300 - 164 = 136
O = 120 : 8 · 7 = 105
R = 8
B = 105 : 21 · 8 = 40

Seite 58–59

1. Walhai, 2. Delfin, 3. Beluga, 4. Hammerhai, 5. Buckelwal, 6. Miesmuschel, 7. Doktorfisch, 8. Zitterrochen, 9. Schildkröte, 10. Spiegeleiqualle

Seite 60

1–D, 2–F, 3–E, 4–I, 5–B, 6–H, 7–A, 8–G, 9–J, 10–C

Seite 62–63

1. 

100 + **500** + **400** = 1000

2. 

470 + **130** + **400** = 1000

3. 

646 + **86** + **268** = 1000

4. 

123 + **377** + **500** = 1000

5.

560 + **225** + **215** = 1000

6.

736 + **64** + **200** = 1000

7.

157 + **487** + **356** = 1000

8.

200 + **480** + **320** = 1000

9.

540 + **130** + **330** = 1000

10.

138 + **610** + **252** = 1000

Seite 64

	Schritt 6 ↓	Schritt 8 ↓		Schritt 2 ↓		Schritt 4 ↓	
Schritt 7 →	3	1	12	7	7	9	39
Schritt 3 →	5	5	10	10	7	5	42
Schritt 9 →	12	8	2	7	2	10	41
	3	9	4	10	4	9	39
Schritt 1 →	7	7	7	7	7	7	42
Schritt 5 →	9	10	12	10	12	5	58
	39	40	47	51	39	45	

 = 7

 = 3

 = 10

 = 8

 = 5

= 2

 = 9

 = 1

 = 12

 = 4

Seite 65

1–D PIRATE, 2–A PADDLE, 3–F COMPASS, 4–B ANCHOR, 5–J ISLAND, 6–E SAILBOAT, 7–I TELESCOPE, 8–C SUBMARINE, 9–H LIGHTHOUSE, 10–G LIFEBELT

Seite 66

1. A N T A R K T I ~~C~~ K A
2. S P R I N G F L U ~~D~~ T
3. H U R R I ~~K~~ K A N
4. L A ~~R~~ G U N E
5. O R G A N I S M U ~~S~~ S
6. S C H I L D ~~T~~ K R Ö T E
7. G E ~~H~~ Z E I T E N
8. T E M ~~B~~ P E R A T U R
9. F E U E R Q ~~W~~ U A L L E
10. E R D E R W Ä ~~H~~ R M U N G

Seite 68

Diese zehn Meerestiere gibt es wirklich: Seebär, Seehund, Seenadel, Seestern, Seehase, Seedrache, Seeelefant, Seeigel, Seewespe, Seekuh

Seite 69

1. sail – sailboat – sailor, 2. island – land – sand,
3. water – what – why, 4. bay – beach – buoy,
5. seagull – seahorse – seaweed,
6. deep – depart – depth,
7. pearl – plankton – port,
8. ship – shipwreck – shipyard,
9. antarctic – arctic – atlantic,
10. ocean – oceanic – oceanography

Seite 70-71

1–W, 2–I, 3–N, 4–D, 5–S, 6–U, 7–R, 8–F, 9–E, 10–N

Lösungswort: Windsurfen

Seite 72

S	K	L	A	B	A	U	T	E	R
T	M	A	T	R	O	S	E	S	M
E	T	O	O	B	L	E	G	E	A
U	W	I	R	B	E	L	S	T	N
E	M	E	L	B	A	C	K	U	N
R	E	G	S	D	R	O	B	R	M
B	E	E	C	H	I	F	F	G	S
O	R	I	T	R	H	A	F	N	T
R	E	P	L	E	U	C	H	U	R
D	S	S	M	R	U	T	T	M	Ö

Bibliografische Information der Deutschen Nationalbibliothek

Die Deutsche Nationalbibliothek verzeichnet diese Publikation in der Deutschen Nationalbibliografie; detaillierte bibliografische Daten sind im Internet über http://dnb.dnb.de abrufbar.

Das Wort **Duden** ist für den Verlag Bibliographisches Institut GmbH als Marke geschützt.

Kein Teil dieses Werkes darf ohne schriftliche Einwilligung des Verlages in irgendeiner Form (Fotokopie, Mikrofilm oder ein anderes Verfahren), auch nicht für Zwecke der Unterrichtsgestaltung, reproduziert oder unter Verwendung elektronischer Systeme verarbeitet, vervielfältigt oder verbreitet werden.

Alle Rechte vorbehalten. Nachdruck, auch auszugsweise, nicht gestattet.

© Duden 2021 D C B A

Bibliographisches Institut GmbH, Mecklenburgische Straße 53, 14197 Berlin

Redaktionelle Leitung Ina Koslowski
Redaktion Christina Braun
Autorin Janine Eck
Illustrationen Merle Goll (Rahmen: S. 33 / Meine Top10!-Buttons: S. 7, 17, 25, 29, 33, 47, 51, 61, 67, 73), Karoline Jakubik (Rahmen: S. 19, 57), Sabine Mielke (Rahmen: S. 46, 66 / Mach10!-Sticker) vom Atelier Unterseecafé
Herstellung Maike Häßler
Layout und Satz Atelier Unterseecafé – Merle Goll, Karoline Jakubik und Sabine Mielke
Umschlaggestaltung Atelier Unterseecafé – Merle Goll
Umschlagillustration Atelier Unterseecafé – Merle Goll (Krake, U-Boot, Algen, Steine, Fische, Muscheln, Quallen, Krabben, Schnecke, Sterne, Blasen), Sashatigar/Shutterstock.com (Delfine, Krebs, Einsiederkrebs, Korallen, Seesterne, Fotos, Wellen, Muscheln und Schneckenhäuser, kleine Fische etc.)
Druck und Bindung Heenemann GmbH & Co. KG, Bessemerstraße 83–91, 12103 Berlin
Printed in Germany

ISBN 978-3-411-72039-2
www.duden.de